Jean - Claude Soupin

L'Oeil de la Prospérité

Jean - Claude Soupin

L'Oeil de la Prospérité

Monnaie Courante

Éditions Croix du Salut

Impressum / Mentions légales
Bibliografische Information der Deutschen Nationalbibliothek: Die Deutsche Nationalbibliothek verzeichnet diese Publikation in der Deutschen Nationalbibliografie; detaillierte bibliografische Daten sind im Internet über http://dnb.d-nb.de abrufbar.
Alle in diesem Buch genannten Marken und Produktnamen unterliegen warenzeichen-, marken- oder patentrechtlichem Schutz bzw. sind Warenzeichen oder eingetragene Warenzeichen der jeweiligen Inhaber. Die Wiedergabe von Marken, Produktnamen, Gebrauchsnamen, Handelsnamen, Warenbezeichnungen u.s.w. in diesem Werk berechtigt auch ohne besondere Kennzeichnung nicht zu der Annahme, dass solche Namen im Sinne der Warenzeichen- und Markenschutzgesetzgebung als frei zu betrachten wären und daher von jedermann benutzt werden dürften.

Information bibliographique publiée par la Deutsche Nationalbibliothek: La Deutsche Nationalbibliothek inscrit cette publication à la Deutsche Nationalbibliografie; des données bibliographiques détaillées sont disponibles sur internet à l'adresse http://dnb.d-nb.de.
Toutes marques et noms de produits mentionnés dans ce livre demeurent sous la protection des marques, des marques déposées et des brevets, et sont des marques ou des marques déposées de leurs détenteurs respectifs. L'utilisation des marques, noms de produits, noms communs, noms commerciaux, descriptions de produits, etc, même sans qu'ils soient mentionnés de façon particulière dans ce livre ne signifie en aucune façon que ces noms peuvent être utilisés sans restriction à l'égard de la législation pour la protection des marques et des marques déposées et pourraient donc être utilisés par quiconque.

Coverbild / Photo de couverture: www.ingimage.com

Verlag / Editeur:
Éditions Croix du Salut
ist ein Imprint der / est une marque déposée de
AV Akademikerverlag GmbH & Co. KG
Heinrich-Böcking-Str. 6-8, 66121 Saarbrücken, Deutschland / Allemagne
Email: info@editions-croix.com

Herstellung: siehe letzte Seite /
Impression: voir la dernière page
ISBN: 978-3-8416-9863-6

Copyright / Droit d'auteur © 2013 AV Akademikerverlag GmbH & Co. KG
Alle Rechte vorbehalten. / Tous droits réservés. Saarbrücken 2013

L'Œil de la prospérité

Monnaie Courante

Monnaie courante

L'œil de la prospérité

Monnaie Courante

Jean-Claude Soupin

Throne of Grace Impact Fellowship

Ile Maurice

Monnaie courante

Table des matières

Introduction	3
L'argent	5
L'amour de l'argent	7
Bénédiction	14
Prospérité	17
L'homme nouveau	19
Les biens et les richesses	28
Mauvaise concentration	32
Richesses incertaines	34
L'œil généreux	36
L'intendance	42

Introduction

Pendant des années, j'ai eu des croyances mélangées et erronées dans mon âme au sujet de la prospérité. J'ai lu beaucoup de livres et j'ai écouté un grand nombre de cassettes concernant ce «sujet». Jusqu'à ce que j'ai commencé à vraiment faire confiance à l'Esprit de Dieu pour m'enseigner sur la prospérité. Je comprends maintenant que la prospérité n'est pas vraiment un thème, mais la personne de Jésus-Christ. Encore une fois, comme vous parcourez ces pages, profitez en de ce parcours de la grâce et laissez votre mentalité se transformer!

Chapitre 1

L'Argent

.... *et l'argent répond à tout.*

Ecclésiaste 10:19

L'argent en lui-même est amoral. Ce n'est pas une question de bien et de mal, mais sans qualité morale ni immorale.

L'argent est un moyen de circulation d'échange, y compris les pièces de monnaie, billets de banque, et autres dépôts.

L'argent est généralement accepté comme un moyen de paiement pour payer des trucs, d'autres services et le remboursement des dettes dans un contexte socio-économique ou d'un pays. La fonction principale de l'argent se distingue comme suit: un moyen d'échange.

L'argent en lui-même ne peut pas acheter le salut d'une personne, parce que le salut s'obtient par la grâce. Mais avec de l'argent on peut acheter une cassette d'enseignement sur le salut et la donner à une personne qui peut être sauvée en recevant la connaissance de la grâce du salut en Jésus-Christ. L'argent nous permet non seulement d'imprimer plus de Bibles et de livres mais nous pouvons aussi faire beaucoup de bonnes choses et vivre mieux.

L'argent ne peut pas rendre tout le monde heureux, mais le manque d'argent peut rendre quelqu'un malheureux.

Monnaie courante

L'argent peut ouvrir un monde de possibilités pour nous. L'argent en lui-même n'est pas la racine de tous les maux, mais l'amour de l'argent l'est.

L'argent ne devrait jamais être notre maître, mais notre serviteur.

Jésus a parlé de 38 paraboles et seize d'entre elles traitent avec de l'argent et des biens. Il y a plus de 2000 versets concernant l'argent et les possessions dans le "NT". Alors que l'argent ne soit plus un sujet tabou pour les croyants.

Chapitre 2

| **L'amour de l'argent** |

Celui qui aime l'argent n'est pas rassasié par l'argent, et celui qui aime les richesses n'en profite pas: C'est encore là une vanité.

Ecclésiaste 5:9

Mais ceux qui veulent s'enrichir tombent dans la tentation, dans le piège, et dans beaucoup de désirs insensés et pernicieux qui plongent les hommes dans la ruine et la perdition. Car l'amour de l'argent est une racine de tous les maux; et quelques-uns en étant possédés, se sont égarés loin de la foi, et se sont jetés eux-mêmes dans bien des tourments.

1 Timothée 6:9, 10

"Mais" du grec "gar" est un marqueur de la cause ou la raison entre les événements. Il s'agit d'un terme d'explication qui donne toujours l'occasion de faire une pause et de réfléchir au passage. Dans le contexte ci-dessus, cela signifie pour obtenir un aperçu de ce que l'apôtre Paul expliquait à Timothée concernant les effets néfastes de l'amour de l'argent. C'était la raison pour laquelle de nombreux croyants s'étaient égarés dans la foi.

Le terme grec pour «l'amour de l'argent» est «philarguria». Ce mot se trouve dans un seul endroit dans le «NT» et signifie littéralement <l'amour de l'argent>

Monnaie courante

La connotation de «l'amour de l'argent - philaguria" n'est pas l'acquisition de la richesse afin qu'elle puisse être utilisée dans les dépenses prodigues, mais plutôt l'accumulation avare et la thésaurisation de l'argent pour l'amour même de celui-ci. La foi que ces croyants professaient une fois a été remplacée par leur amour de l'argent comme le but principal de leur vie. A cause de cela, ils s'étaient jetés dans bien des tourments.

Cela signifie d'être un ami de l'argent. Aimer l'argent est à voir avec la confiance que vous lui donnez.

Jésus a dit: *"Nul ne peut servir deux maîtres, car ou il haïra l'un et aimera l'autre, ou il s'attachera à l'un et méprisera l'autre. Vous ne pouvez servir Dieu et Mammon".*

Matthieu 6:24

Quand certains pensent de la relation entre Dieu et l'argent, ils croient généralement qu'ils sont en opposition directe l'Un et l'autre. Non ce n'est pas vrai!

Les faits sont que Dieu est l'Autorité Suprême et le Créateur de tout l'univers alors que l'argent n'est qu'un moyen d'échange. C'est tout ce que l'argent est et sera toujours.

Même si c'est un élément critique pour la qualité de la vie, l'argent est encore juste une «chose», et, par conséquent, une chose en laquelle nous ne devons jamais faire confiance.

Monnaie courante

Paul parlait aux croyants qui ont concentré tous leurs temps et leurs efforts pour avoir de l'argent et n'ont pas eu le temps de grandir spirituellement en Christ par le renouvellement de leur mentalité, de sorte que leur âme ne peut être adéquate pour devenir prospère dans la vie par la grâce de Dieu. Ainsi, derrière les désirs de tels croyants comme aujourd'hui, il y a une mauvaise motivation qui provoque des souffrances intenses.

Tous les moyens d'une personne semblent purs pour elle, mais les motifs sont pesés par l'Éternel.

Proverbes 16:2 [N.I.V]

L'argent lui-même n'apporte pas de telles souffrances, mais l'amour de l'argent en apportent.

Etant croyant, je pense que nous devrions avoir une bonne attitude au sujet de l'argent. Quand un croyant a une mentalité transformée en ce qui concerne l'argent, il vit une vie de contentement en toutes circonstances de la vie. Ainsi dans la mesure que son âme prospère, dans cette même mesure qu'il va prospérer dans tous les domaines de sa vie.

Notre Seigneur Jésus a parlé dans une parabole dans une occasion particulière pour les Juifs dans **Luc 12: 15 à 21:**

Puis il leur dit: «Gardez-vous bien de toute âpreté au gain [de toute avarice]; car la vie d'un homme, fût-il dans l'abondance, ne dépend pas de ses richesses. » Et il leur dit cette parabole: « Il y avait un homme riche, dont les terres avaient beaucoup rapporté. Il se demandait: 'Que vais-je faire? Je ne sais pas où mettre ma récolte.' Puis

Monnaie courante

il se dit: 'Voici ce que je vais faire: je vais démolir mes greniers, j'en construirai de plus grands et j'y entasserai tout mon blé et tout ce que je possède. Alors je me dirai à moi-même: Te voilà avec des réserves en abondance pour de nombreuses années. Repose-toi, mange, bois, jouis de l'existence. Mais Dieu lui dit: "insensé : cette nuit même, ton âme te sera redemandée. Et ce que tu auras mis de côté, qui l'aura?" Voilà ce qui arrive à celui qui amasse pour lui-même, au lieu d'être riche pour Dieu.

"L'argent doit toujours circuler là où il faut".

Par exemple, s'il ya de l'eau stagnante sur le toit de votre maison cela peut attirer les moustiques qui ne sont pas bonnes pour votre santé. C'est ainsi qu'un croyant doit circuler l'argent à d'autre fin parce que cet argent, comme l'eau stagnante, peut lui apporter des souffrances.

Lorsque votre argent reste stagnant dans la banque, il ne peut vous enrichir. Il doit aussi circuler dans d'autres projets pour des profits. Cela ne veut pas dire que vous devez retirer tout votre argent de la banque!

Laissez-moi vous expliquer un peu plus concernant le mystère de la circulation de l'argent. Pourquoi l'argent a besoin d'être circulé.

La raison pour laquelle l'argent doit circuler, c'est parce qu'il est aussi appelé monnaie courante [Angl: Currency]

Comme un courant d'eau qui est en mouvement continuel, ainsi en est de la monnaie courante qui doit circuler, être en mouvement continuel.

Monnaie courante

Lorsque vous gardez l'argent qui doit circuler à d'autres personnes, et dans d'autres projets, vous êtes entrain de bloquer le cycle ou le flot. C'est comme la création d'un barrage pour garder de l'eau stagnante.

La nature a horreur du vide. Lorsque vous ne laissez pas votre argent circuler, vous ne faites pas de la place pour en attirer plus. Autrement dit, vous limitez la circulation des flots vers vous.

L'argent est bon aussi longtemps que vous continuez à le circuler avec joie - la générosité. Si vous bloquez la circulation de votre argent ou le thésauriser et de tout garder pour vous-même à cause de l'égoïsme, il deviendra stagnant et pourra être toxique pour vous.

Que celui à qui l'on enseigne la parole fasse part de tous ses biens à celui qui l'enseigne.
Galates 6:6

Ne vous faites pas d'illusions: vous ne pouvez pas vous moquer de Dieu! La moisson d'un homme dans la vie dépend entièrement de ce qu'il sème.
Galates 6:7 [Phillips]

Ne nous lassons pas de faire le bien: Car nous moissonnerons au temps convenable, si nous ne nous relâchons pas. Ainsi donc, pendant que nous en avons l'occasion, pratiquons le bien envers tous, et surtout envers les frères en la foi.
Galates 6:9, 10

Monnaie courante

"Ne nous lassons pas" veut dire que cela doit être notre style de vie, nous les croyants, de laisser "l'argent qu'il faut" circuler vers ceux qui nous enseignent correctement et aussi vers d'autres croyants. C'est alors que nous aurons notre saison de la moisson. Quand je parle de "notre style de vie" cela n'indique pas par notre force humaine, mais par la grâce de Dieu.

Que tous les dimanches, chacun de vous mette de côté <u>une partie</u> de son gain hebdomadaire, <u>proportionnellement</u> à ce qu'il aura lui-même reçu. Qu'il réserve ainsi ce qu'il aurait pu économiser selon sa prospérité, pour qu'on n'ait pas besoin d'organiser des collectes au moment de mon arrivée.

1 Corinthiens 16:2[A.K]

J'ai éprouvé une grande joie dans le Seigneur de ce que vous avez pu enfin renouveler l'expression de vos sentiments pour moi; vous y pensiez bien, mais l'occasion vous manquait. Ce n'est pas en vue de mes besoins que je dis cela, car j'ai appris à être content de l'état où je me trouve. Je sais vivre dans l'humiliation, et je sais vivre dans l'abondance. En tout et partout j'ai appris à être rassasié et à avoir faim, à être dans l'abondance et à être dans la disette. Je puis tout par celui qui me fortifie. Cependant vous avez bien fait de prendre part à ma détresse. Vous le savez vous-mêmes, Philippiens, au commencement de la prédication de l'Évangile, lorsque je partis de la Macédoine, aucune Église n'entra en compte avec moi pour ce qu'elle donnait et recevait; vous fûtes les seuls à le faire, car vous m'envoyâtes déjà à Thessalonique, et à deux reprises, de quoi pourvoir à mes besoins. Ce n'est pas que je recherche les dons; mais je recherche le fruit qui

Monnaie courante

abonde pour votre compte. J'ai tout reçu, et je suis dans l'abondance; j'ai été comblé de biens, en recevant par Épaphrodite ce qui vient de vous comme un parfum de bonne odeur, un sacrifice que Dieu accepte, et qui lui est agréable. Et mon Dieu pourvoira à tous vos besoins selon sa richesse, avec gloire, en Jésus Christ. A notre Dieu et Père soit la gloire aux siècles des siècles! Amen!

Philippiens 4:10-20

Chapitre 3

Bénédiction

C'est la <u>bénédiction</u> de l'Eternel qui enrichit, et il ne la fait suivre d'aucun chagrin.

Proverbes 10:22

Abraham était vieux, avancé en âge, et l'Éternel avait <u>béni</u> Abraham en toute chose.

Genèse 24:1

L'Éternel a comblé de <u>bénédictions</u> mon seigneur, qui est devenu puissant. Il lui a donné des brebis et des bœufs, de l'argent et de l'or, des serviteurs et des servantes, des chameaux et des ânes.

Genèse 24:35

Dieu les <u>bénit</u>, et Dieu leur dit: Soyez féconds, multipliez, et remplissez la terre, et l'assujettissez, et dominez sur les poissons de la mer, sur les oiseaux du ciel, et sur tout animal qui meut sur la terre.

Genèse 1:28

Bénédiction du grec "eulogia" - de "eu" = bon, bien et "logos" = mot, c'est de parler, de dire du bien de.

Le mot «**béni**» de l'hébreu "barak" signifie "enduit avec la capacité divine pour avoir le succès, la prospérité, la fécondité et la longévité."

Tous ceux qui ont été bénis dans la bible étaient prospères. Et nous, les croyants sommes tous bénis en Christ - Ephésiens 1:3

Le mot "bénis" dans:

<u>Bénis</u> ceux dont les iniquités sont pardonnées, et dont les péchés sont couverts

Romains 4:7

"**Bénis**" du grec **"makarios"** est de **"mak"** ce qui signifie largement et de longue durée. **Makarios** veut dire être en tout temps heureux et satisfaits indépendant des circonstances étant par la grâce de Dieu.

Cela décrit un état de la plénitude divine. Et évoque un état de prospérité.

La prospérité n'est pas limitée à l'argent seulement. Elle comprend des bénédictions financières, mais aussi beaucoup plus. Le mot habituellement traduit par «prospérité» est le mot hébreu "shalom" qui signifie "la paix, la prospérité, le bien-être, la santé, et la sécurité."

Laissez votre mentalité recevoir des croyances correctes telles que Dieu est amour et est généreux au-delà de notre capacité à imaginer. Et en ce qui concerne " Donner " Il est extravagant.

Quel que soit votre état financier actuel dans la vie, il suffit de commencer à penser et à croire que vous êtes aimés et bénis en Christ.

Monnaie courante

Une illumination de vos yeux spirituels dans la vérité concernant cette situation particulière en est la solution.

J'aime ce que Dieu dit à son peuple dans **Ésaïe 60:1** dans la version amplifiée:

Lève-toi [de la dépression et de la prostration dans lesquelles les circonstances t'ont gardées – lève-toi pour une vie nouvelle] Brille (soit resplendissant de la gloire du Seigneur), car ta lumière est arrivée, et la gloire du Seigneur s'est levée sur toi!

Pourquoi pensez-vous que, en dépit de tous les enseignements, de toutes les conférences et tous les livres sur l'argent, sur la prospérité disponibles pour les croyants et beaucoup n'expérimentent pas de résultats réciproques? Ils n'ont pas encore été éclairés dans la vérité.

Ils ont les enseignements, mais pas la lumière. Ou bien ils n'ont pas les enseignements appropriés. Ils ne savent pas comment se revêtir mentalement de l'homme nouveau et se dévêtir du vieil homme - c'est à dire les "résidus" adamiques sous la forme d'images et des croyances dans l'esprit de leur mentalité.

Chapitre 4

Prospérité

Dans "l'Ancien Testament" trois mots sont utilisés pour la prospérité dans la langue hébraïque.

- Le premier mot est **"tsalech"** qui signifie: s'avancer, progresser, profiter, réussir, prospérer, accomplir.

Le chef de la prison ne prenait aucune connaissance de ce que Joseph avait en main, parce que l'Éternel était avec lui. Et l'Éternel donnait de la réussite à ce qu'il faisait.
Genèse 39:23

- Le deuxième mot est **"Sakel"** qui signifie agir avec sagesse.

Jérémie 23:5 .... Il régnera en roi et prospérera,

- Le troisième mot est **"Shalam"** ce qui signifie être en sécurité, être complet, être restauré.

Job 9:4 [NKJ] ..... Qui est-ce qui s'est résisté à Dieu et a prospéré?

Ainsi la prospérité dans l'Ancien Testament n'était pas simplement la prospérité financière ou économique mais dans tous les domaines de la vie. Elle englobe la totalité de l'homme.

Monnaie courante

Quelle est la première chose que la plupart des gens pensent quand la «prospérité» est mentionnée? L'argent et les possessions matérielles, non? Cependant, la prospérité est vraiment beaucoup plus que cela.

Dans le «NT» "euodoo" est le mot grec qui est utilisé dans la troisième épître de Jean verset deux. Ce mot signifie aider sur la route pour un voyage, réussir en affaires, d'être en bonne santé et réussites dans tous les domaines de la vie. La Bible nous enseigne que nous sommes voyageurs sur cette terre. Pour réussir dans tous les domaines de notre vie, notre âme a besoin de prospérer d'abord par le renouvellement mental.

L'apôtre Paul nous dit que nous pouvions connaître la volonté parfaite de Dieu en renouvelant notre mentalité.

Et ne vous conformez pas au siècle présent, mais soyez transformés par le renouvellement de l'intelligence, afin que vous discerniez quelle est la volonté bonne, agréable et parfaite de Dieu.
Romains 12:2

Le chapitre 5

L'homme nouveau

En égard à votre vie passée, du vieil homme qui se corrompt par les convoitises trompeuses, à être renouvelés dans l'esprit de votre intelligence, et à revêtir l'homme nouveau, créé selon Dieu dans une justice et une sainteté que produit la vérité.

Éphésiens 4:22 - 24

Autrement dit, le vieil homme qui est la vieille nature a déjà été crucifié avec Christ [Romains 6:6]. C'est un fait historique et une vérité pour les croyants de toujours compter comme vrai (car c'est la vérité). Maintenant, fondée sur la vérité que le vieil homme a été crucifié, Paul nous qu'en nous revêtant de l'homme nouveau par le renouvellement mental, nous nous dépouillons de l'image du vieil homme qui est dans l'esprit de notre mentalité.

Le vieil homme c'était ce que nous étions en Adam. L'homme Nouveau c'est ce qui nous sommes en Christ, c'est de votre esprit régénéré, notre nouvelle nature. En Adam notre mentalité aussi a été déformée et en Christ notre mentalité se transforme par la vérité. Parce que même que nous sommes une nouvelle création en Christ, nous avons toujours une mesure de l'image du vieil homme programmée dans l'esprit de notre mentalité qui se projette dans notre vie de tous les jours jusqu'à ce que l'esprit de notre mentalité soit renouvelé et transformé en nous revêtant de l'homme nouveau. Beaucoup de croyants, qui sont ignorants de cela, essayent la modification de comportement au lieu d'être renouvelés dans l'esprit de leur mentalité et se retrouvent frustrés dans leur vie.

Monnaie courante

Et qu'il illumine les yeux de votre cœur, pour que vous sachiez quelle est l'espérance qui s'attache à son appel, quelle est la richesse de la gloire de son héritage qu'il réserve aux saints, et quelle est envers nous qui croyons l'infinie grandeur de sa puissance, se manifestant avec efficacité par la vertu de sa force.

Ephésiens 1:18, 19

A partir de notre naissance nous avons commencé à recevoir des informations erronées sur nous-mêmes, sur Dieu, sur les autres, et vivre notre vie en conséquence. La plupart d'entre nous avons été conditionnés par ces informations, qui sont des croyances dominantes dans l'esprit de notre mentalité nous faisant croire au long de notre vie que "la vie est dure, l'argent ne pousse pas sur les arbres, il faut travailler dur pour l'argent, il nous faut en mériter, vous aller finir dans la pauvreté, l'argent est la racine de tout le mal, vous ne méritez pas d'être riches, seuls les escrocs ont beaucoup d'argent, la peur de la réussite, vous n'avez pas ce qu'il faut pour gagner beaucoup d'argent, la peur de faire des erreurs, les gens riches sont mauvais et gens spirituels sont pauvres"

Si vous vous voyez régulièrement dans le rouge financièrement, alors il faut s'en rendre compte concernant les croyances au sujet de l'argent dans l'esprit de votre mentalité. Ces attitudes et croyances mineront votre relation avec l'argent de manière à vous tenir frustrés, travaillant dur en vain pour réussir dans la vie.

Afin de vous libérer de ces croyances et de rétablir la grâce de flux sans effort de l'argent dans votre vie, il devient nécessaire de renouveler constamment l'esprit de votre mentalité par la vérité.

Aussi comme vous grandissez, vous avez continué à croire et à renforcer ces fausses croyances assez longtemps pour que certaines d'entre eux sont devenues des bastions mentales qui vous gardent captifs, car l'esprit de votre mentalité ne fait pas de différence entre la vérité et le mensonge.

C'est pourquoi, même si vous êtes croyants, il y a toujours des effets néfastes de continuer à vivre de vos fausses croyances qui font un impact négatif sur votre vie, sur votre relation avec Dieu et votre relation avec les autres, votre vie financière et votre entreprise et ainsi de suite, jusqu'à la transformation de votre mentalité.

C'est aussi très important pour vous de comprendre qui vous êtes en Christ et le fonctionnement de votre mentalité.

L'homme nouveau c'est de savoir qui vous êtes en Christ, c'est votre identité. Vous n'êtes plus des pécheurs sauvés par grâce ou bien une femme divorcée ou autre, mais des fils de Dieu. Seul Dieu par sa grâce, peut vous transformer et changer votre façon de penser. C'est alors que vous vous verrez vous-mêmes comme acceptables, inconditionnellement aimés, dignes et plus que vainqueurs juste par l'accomplissement ou la fidélité de Jésus-Christ.

La nouvelle création en Christ, l'homme nouveau est riche, mais un croyant peut avoir une croyance de la pauvreté dans sa mentalité qui doit être renouvelée et transformée par la vérité.

Monnaie courante

Les croyances qui nous font faire certaines expériences dans la vie ne résident pas dans notre esprit qui est l'homme nouveau en Christ, mais dans notre âme. Notre mentalité est pleine de mensonges sous formes de croyances qui sont contraires à la vérité.

Vous ne pouvez pas vivre au-delà de ce que vous croyez. Si ce que vous croyez est un mensonge, alors ce sera généralement votre expérience jusqu'à ce que votre mentalité soit renouvelée par la vérité. Nous avons tous un certain état d'âme en ce qui concerne l'argent, la richesse et les biens. C'est peut-être un bon état d'âme ou un mauvais état d'âme. Ceci est très important de savoir parce que ce que vous croyez affecte toujours ce que vous pensez, votre attitude et votre conversation finissent par affecter le cours de votre vie.

Je prie pour vous qu'en parcourant ce livre, vous serez libérés de vos fausses croyances et les effets négatifs que ces croyances créent dans votre vie.

La vie d'une nouvelle création en Christ dans un vase de terre n'est faite d'un ensemble de règles, de formules et d'efforts humains qu'il doit accomplir pour plaire à Dieu. Cette vie c'est une personne - Jésus-Christ. Une vie de la grâce. Christ en est à travers le croyant. La vie de la grâce pour un croyant c'est une expression de Christ.

Dieu n'a jamais voulu que les croyants essayent de vivre une vie que seul Christ peut la vivre à travers eux.

Monnaie courante

"...... Christ, qui est notre vie»,

Colossiens 3:04

«Pour moi, vivre c'est le Christ»,

Philippiens 1:2

«Car en lui nous avons la vie, le mouvement et l'être»;

Actes 17:28

Jai été crucifié avec Christ; et si je vis, ce n'est plus moi qui vis, <u>c'est Christ qui vit en moi</u>; si je vis maintenant dans la chair, je vis dans la foi au Fils de Dieu, qui m'a aimé et qui s'est livré lui-même pour moi.

Galates 2:10

Christ en nous est l'initiateur la cause et l'effet de rendre la grâce de Dieu une réalité expérientielle dans notre vie.

Je suis persuadé que celui qui a commencé en vous cette bonne œuvre la rendra parfaite pour le jour de Jésus Christ.

Philippiens 1:6

Persuadé du grec **"peitho"** signifie une persuasion constante concernant une certaine vérité **Peitho** suggère qu'une conclusion a été tirée. L'observation de l'apôtre de ce que Dieu avait fait chez les Philippiens en particulier, et ses réflexions sur les voies de Dieu en général, l'a amené à former cette conclusion. Paul était entièrement convaincu de la vérité de ce qu'il disait et il utilisait donc le langage d'un homme qui n'avait pas de doute à ce sujet. Le passé composé indique que Paul était arrivé à la persuasion et qu'il restait confiant du désir de Dieu et de sa capacité à poursuivre son travail de transformation dans la vie des croyants. Paul était fermement convaincu et le resta toujours. Il n'avait aucun doute quant à leur salut ou leur sécurité que Dieu parachèvera son bon travail qu'Il a commencé quand les croyants avaient été régénérés.

Quand la mentalité d'un croyant est transformée et qu'il est devenu dépendant de la fidélité de Christ par illumination, il aura alors cette même conviction concernant son identité en Christ et aussi la vie de la grâce. Il pourra <u>appliquer</u> les principes bibliques dans sa vie ce que l'on appelle <u>la sagesse</u>, que nous aborderons plus tard, pour une vie prospère.

Essayer de résoudre les problèmes financiers sans un fondement correcte et d'un bon état d'âme ne fonctionnera pas correctement. Notre mentalité a besoin d'être transformée par la parole de vérité pour être séparée de l'image du vieil homme à l'image de l'homme nouveau qui est l'image du Christ. Et la transformation mentale n'est pas une expérience d'une fois, mais un tout un processus de toute une vie.

Même qu'un croyant est riche en Christ et que son esprit est prospère, il n'expérimentera pas la prospérité jusqu'à ce qu'il ait un état d'âme prospère, une image de prospérité. Car son âme s'opposera à la prospérité, s'opposera à son esprit jusqu'à sa transformation mentale.

Mais nous avons tous, à visage découvert, contemplons comme dans un miroir la gloire du Seigneur, nous sommes transformés en la même image, de gloire en gloire, comme par l'Esprit du Seigneur.
2 Corinthiens 3:18

Monnaie courante

__Mes petits enfants, dont j'éprouve de nouveau les douleurs de l'enfantement jusqu'à ce que Christ nouveau soit formé en vous.__

Galates 4:19

Dans le Psaume 35:27, Dieu dit qu'Il prenait plaisir concernant la prospérité de son serviteur.

Si Dieu dans la dispensation de la loi prenait plaisir à la prospérité de son serviteur, croyez-vous que dans la dispensation de la grâce il a changé d'avis au sujet de ses enfants?

__Car vous connaissez la grâce de notre Seigneur Jésus-Christ, qui pour vous s'est fait pauvre, de riche qu'il était, afin que par sa pauvreté vous fussiez enrichis.__

2 Corinthiens 8:9

Pour du grec **"gar"** est un marqueur de la cause ou la raison entre les événements. Il s'agit d'un terme d'explication qui donne toujours l'occasion de faire une pause et de réfléchir au passage afin de comprendre ce qui est dit.

Connaissez du grec **"ginosko"** signifie savoir par expérience personnelle, et dans ce contexte se réfère à une connaissance personnelle des croyants relatif à la grâce du Seigneur Jésus-Christ qui les a enrichis -------.

Quand la mentalité d'un croyant a été renouvelée et transformée au sujet de ce qu'il est riche en Christ, cela signifie que son âme a prospéré, est en bon état et conforme à son esprit selon la vérité. Alors il pourra vivre par la foi pour accéder à la grâce de la prospérité financière et autre - **3 Jean 2.**

Grâce du grec **"charis"** en termes simples, est la faveur imméritée de Dieu et l'activation surnaturelle pour le salut. La grâce est tout pour rien à ceux qui ne méritent rien. La grâce est ce que chaque personne en a besoin, ce que personne ne peut en mériter puisque que Dieu seul peut la donnez et gratuitement.

Riche du grec **"plousios"** signifie abondante richesse, Ploutos définit ce qui existe dans une grande quantité, d'une façon excessive, sans mesure, très riche.

Pauvre du grec **"ptochos"** une seule fois dans le «NT», cela signifie devenir comme un mendiant.

Il est très clair que c'est par la grâce de Dieu que nous en tant que croyants avons été enrichis en Christ.

Peut-être certains d'entre les croyants vivent dans un état de manques chroniques et dans la pauvreté. Cela ne signifie pas qu'ils sont pauvres, cela signifie simplement qu'ils ont une mentalité de pauvreté à cause de certaines croyances, mais selon la vérité ils sont riches malgré leur condition actuelle. Et c'est par une transformation mentale qu'ils auront ce que j'appel une "mentalité plousios"

État d'âme du grec **"phronéma"** de **phroneo** est l'inclination mentale. Phronéma décrit la faculté de fixer sa pensée sur quelque chose et est donc une façon de penser.

Monnaie courante

Ceux qui ont des croyances de pauvreté sont mentalement inclinés sur les manquements, l'insuffisance et la pauvreté

Au moment même où vous êtes régénérés, Dieu a mis la plénitude de lui-même dans votre esprit, de sorte que d'autres choses n'ont plus à être la source à partir de laquelle vous vivez votre vie.

Nous portons ce trésor dans des vases de terre, afin que cette grande puissance soit attribuée à Dieu, et non pas à nous.
2 Corinthiens 4:7

Rappelez-vous que le salut de votre âme est un processus à vie, tandis que le salut de votre esprit est une expérience instantanée. Dans la mesure où votre mentalité est renouvelée et transformée sera la mesure que vous allez vivre de la source en vous, votre esprit régénéré dans lequel sont toutes choses que vous êtes et que vous possédez en Christ. Vous avez la grâce pour régner dans la vie à cause du travail accompli de Christ.

".... à plus forte raison ceux qui reçoivent l'abondance de la grâce et du don de la justice régneront-ils dans la vie par Jésus-Christ lui seul"
Romains 5:17

Monnaie courante

Le chapitre 6

| **Les biens et les richesses** |

Mais, si Dieu a donné à un homme <u>des richesses et des biens,</u> s'il l'a rendu maître d'en manger, d'en prendre sa part, et de se réjouir au milieu de son travail, c'est là un don de Dieu.

Ecclésiaste 5:18

De l'hébreu **"Chayil"** qui signifie la force, la puissance, la vaillance et la vertu, la richesse donc signifie aussi la force.

De l'hébreu **"ashar"** ce qui signifie s'enrichir, accumuler les richesses.

Le mot hébreu **"nekec"** signifie l'accumulation des biens.

Le mot hébreu **"hamone"** signifie abondance.

Dieu parla à son peuple:

Mais tu te souviendras de l'Éternel ton Dieu; car c'est lui qui te donne la force pour acquérir des biens, afin de confirmer son alliance qu'il a jurée à tes pères, comme tu le vois aujourd'hui.

Deutéronome 8:18

David bénit l'Éternel en présence de toute l'assemblée. Il dit : Béni sois-tu, d'éternité en éternité, Éternel, Dieu de notre père Israël. A toi, Éternel, la grandeur, la force et la magnificence, l'éternité et la gloire, car tout ce qui est au ciel et sur la terre t'appartient; à toi seul, Éternel, le règne, car tu t'élèves souverainement au-dessus de tout! C'est de toi que viennent la richesse et la gloire, c'est toi qui domines sur tout, c'est dans ta main que sont la force et la puissance, et c'est ta main qui a le pouvoir d'agrandir et d'affermir toutes choses.

1 Chroniques 29:10-12

Le pouvoir d'obtenir la richesse est une **bénédiction** de Dieu - **"barak"** signifie **"être enduit de puissance"** - Dans toute dispensation tous ceux qui avaient la force de s'enrichir est en étant bénis par Dieu.

En plus, le moyen qui libere la force d'acquérir les richesses, c'est **la sagesse**.

Voici le commencement de la sagesse: Acquiers la sagesse ....

Proverbes 4:7

Heureux l'homme qui a trouvé la sagesse, Et l'homme qui possède l'intelligence! Car le gain qu'elle procure est préférable à celui de l'argent, Et le profit qu'on en tire vaut mieux que l'or; Elle est plus précieuse que les perles, Elle a plus de valeur que tous les objets de prix. Dans sa droite est une longue vie; Dans sa gauche, la richesse et la gloire.

Proverbes 3:13-16

Avec moi sont la richesse et la gloire, Les biens durables et la justice.

Pour donner des biens à ceux qui m'aiment, Et pour remplir leurs trésors.

Proverbes 8:18,21

--- Et avec tout ce que tu possèdes acquiers l'intelligence.

Proverbes 4:7

Accorde-moi donc de la sagesse et de l'intelligence, afin que je sache me conduire à la tête de ce peuple! Car qui pourrait juger ton peuple, ce peuple si grand? Dieu dit à Salomon: Puisque c'est là ce qui est dans ton cœur, puisque tu ne demandes ni des richesses, ni des biens, ni de la gloire, ni la mort de tes ennemis, ni même une longue vie, et que tu demandes pour toi de la sagesse et de l'intelligence afin de juger mon peuple sur lequel je t'ai fait régner, la sagesse et l'intelligence te sont accordées. Je te donnerai, en outre, des richesses, des biens et de la gloire, comme n'en a jamais eu aucun roi avant toi et comme n'en aura aucun après toi.

2 Chroniques 1:10-12

La sagesse est un don de Dieu. Lorsque vous obtenez la compréhension par l'illumination dans la vérité, alors vous pouvez appliquer la vérité aux choses de la vie.

Par exemple vous appliquez la vérité concernant la finance et d'autres biens de la vie parce que vous avez de l'intelligence concernant ces choses.

Nous sommes tous bénis en Christ et la sagesse est en notre esprit. Mais tous ne comprennent pas et ne savent pas comment appliquer les connaissances de la vérité aux choses de la vie.

Monnaie courante

Mais je vous assure, qu'en bien étudiant et en méditant sur ces lignes, votre mentalité se transformera alors vous comprendrez et vous saurez comment appliquer la sagesse aux choses de vie. Et en rapport à ce livre, votre vie financière.

Quand notre mentalité est transformée et que notre âme est en bon état, alors nous aurons «l'attitude de la prospérité» en ce qui concerne l'argent et les richesses. Nous ne pouvons pas prospérer sans une attitude de prospérité.

Chapitre 7

| **Mauvaise concentration** |

Car nous marchons par la foi, et non par la vue,
2 Corinthiens 5:7

Tous les croyants ont la foi du Christ qui est un don. Mais tous les croyants ne marchent par la foi. Il y a ceux qui marchent par la vue.

C'est pourquoi nous ne perdons pas courage. Et lors même que notre homme extérieur se détruit, notre homme intérieur se renouvelle de jour en jour.
2 Corinthiens 4:16

Ne perdons pas courage du grec "ekkakeo" de **ek** = **de** et **Kakos** = **mauvais**. Signifie littéralement céder au mal dans le sens d'être fatigué de faire quelque chose. Dans ce contexte, cela indique quelqu'un qui se sent abattu face à une difficulté. Il a perdu toute motivation. Il n'a plus d'objectif dans la vie. Il a abandonné.

Un croyant qui a cessé le processus de renouvellement de sa mentalité de jour en jour, sera faible spirituellement et ne pourra pas marcher par la foi, mais par la vue. Et il ne se concentrera pas sur Christ, mais sur ses problèmes. Il aura une mauvaise concentration.

Parce que nous regardons, non point aux choses visibles, mais à celles qui sont invisibles; car les choses visibles sont passagères, et les invisibles sont éternelles.

2 Corinthiens 4:18

Mais par contre un croyant qui renouvelle sa mentalité dans la vérité régulièrement marche par la foi et non par la vue. Ainsi Il n'est pas affecté par ce qui se passe autour de lui.

Pendant que Jésus était avec ses disciples, il fonctionnait par la foi de Dieu. Mais souvent, ses disciples se concentraient sur les problèmes au lieu d'avoir confiance en Jésus.

Pour vivre une vie prospère, nous devons marcher par la foi et non par la vue. C'est par la foi qu'un croyant accède à la grâce de la vérité.

Chapitre 8

> ### Richesses incertaines?

Recommande aux riches du présent siècle de ne pas être orgueilleux, et de ne pas mettre leur espérance dans des <u>richesses incertaines</u>, mais de la mettre en Dieu, qui nous donne avec abondance toutes choses pour que nous en jouissions.

1 Timothée 6:17

Recommande du grec "**paraggello**" signifie littéralement transmettre un message, une instruction. Dans ce contexte, cela représente la communication d'une instruction quant à la façon dont quelque chose doit être faite.

Paraggello a également été utilisé concernant la prescription d'un médecin ou d'une instruction pour son patient. Toute utilisation de paraggello inclut l'idée inhérente de manière à inciter quelqu'un pour qu'il agisse selon l'instruction pour son bien.

Donc, en tant que croyants notre confiance et notre sécurité ne doivent pas être en l'argent ou la richesse, mais en Dieu seul et de savoir que Dieu n'est pas contre que nous jouissions les bonnes choses de la vie.

Et Dieu peut vous combler de toutes sortes de grâces, afin que, possédant toujours en toutes choses de quoi satisfaire à tous vos besoins, vous ayez encore en abondance pour toute bonne œuvre,

2 Corinthiens 9:8

Monnaie courante

L'argent et les richesses ne garantissent pas la sécurité des croyants. C'est pour cela Dieu les appelles "richesses incertaines". Notre sécurité c'est d'être en Christ seulement!

Chapitre 9

L'œil généreux

L'œil est la lampe du corps. Si ton œil est en bon état, tout ton corps sera éclairé; mais si ton œil est en mauvais état, tout ton corps sera dans les ténèbres. Si donc la lumière qui est en toi est ténèbres, combien seront grandes ces ténèbres!

Matthieu 6:22, 23

Moffat: *L'œil est la lampe du corps: Donc, si ton* **œil est généreux**, *l'ensemble de ton corps sera illuminé, mais si ton* **œil est égoïste**, *le corps entier sera obscurci……..*

Quand vous lisez toute cette section du sermon de Jésus dans Matthieu chapitre 6 à partir du verset 19, vous remarquerez qu'il donnait des principes fondamentaux sur la gestion de l'argent à ses disciples.

Il leur disait que les actes de générosités sont comme des bons dépôts dans la «banque» du ciel. Il leur disait d'être généreux dans la vie afin d'avoir une vie "éclairée – prospère", et non d'être égoïstes pour en souffrir les conséquences dans la vie.

Au milieu de beaucoup de tribulations qui les ont éprouvées, leur joie débordante et leur pauvreté profonde ont produit avec abondance de <u>riches libéralités</u> de leur part. Ils ont, je l'atteste, donné volontairement selon leurs moyens, et même au delà de leurs moyens nous demandant avec de grandes instances <u>la grâce</u> de prendre part à l'assistance destinée aux saints. Et non seulement ils ont contribué *comme nous l'espérions, mais ils se sont d'abord donnés eux-mêmes au Seigneur, puis à nous, <u>par la volonté de Dieu</u>.*

2 Corinthiens 8:2-5

Car vous connaissez <u>la grâce</u> de notre Seigneur Jésus-Christ, qui pour vous s'est fait pauvre, de riche qu'il était, afin que par sa pauvreté <u>vous fussiez enrichis</u>.

2 Corinthiens 8:9

En dépit de leur condition de grande pauvreté, les églises de Macédoine ont cru qu'ils étaient riches par la grâce de Dieu et donnaient avec joie. C'était la grâce de donner. Leur mentalité avait été transformée par les enseignements de Paul. Ils avaient une attitude de générosité. Leurs dons étaient l'amour en action. Ils ne discutaient pas combien en donner car c'était par grâce qu'ils donnaient.

Et Nous pouvons constater que lorsque notre mentalité se transforme, et que nous manifestons la générosité, nous allons donner par grâce et non par obligation, ce qui signifie que la provision de donner vient de Dieu.

Ceux qui ne sont pas mentalement transformés, se sentent obligés de donner, ou de donner à contrecœur. Et ceux qui ont une croyance erronée au sujet de l'argent et sont égoïstes dans leur cœur ne donneront pas.

Il est superflu que je vous écrive touchant l'assistance destinée aux saints. Je connais, en effet, votre bonne volonté, dont je me glorifie pour vous auprès des Macédoniens, en déclarant que l'Achaïe est prête depuis l'année dernière; et ce zèle de votre part a stimulé le plus grand nombre. J'envoie les frères, afin que l'éloge que nous avons fait de vous ne soit pas réduit à néant sur ce point-là, et que vous soyez prêts, comme je l'ai dit. Je ne voudrais pas, si les Macédoniens m'accompagnent et ne vous trouvent pas prêts, que cette assurance tournât à notre confusion, pour ne pas dire à la vôtre. J'ai donc jugé nécessaire d'inviter les frères à se rendre auparavant chez vous, et à s'occuper de votre libéralité déjà promise, afin qu'elle soit prête, de manière à être une libéralité, et non un acte d'avarice. Sachez-le, celui qui sème peu moissonnera peu, et celui qui sème abondamment moissonnera abondamment. Que chacun donne comme il l'a résolu en son cœur, sans tristesse ni contrainte; car Dieu aime celui qui donne avec joie. Et Dieu peut vous combler de toutes sortes de grâces, afin que, possédant toujours en toutes choses de quoi satisfaire à tous vos besoins, vous ayez encore en abondance pour toute bonne œuvre, selon qu'il est écrit: Il a fait des largesses, il a donné aux indigents; Sa justice subsiste à jamais. Celui qui Fournit de la semence au semeur, Et du pain pour sa nourriture, vous fournira et vous multipliera la semence, et il augmentera les fruits de votre justice. Vous serez de la sorte enrichis à tous égards pour toute espèce de libéralités qui, par notre moyen, feront offrir à Dieu des actions de grâces. Car le secours de cette assistance non seulement pourvoit aux besoins des saints, mais il est encore une source abondante de nombreuses actions de grâces envers Dieu. En considération de ce secours dont ils font l'expérience, ils glorifient Dieu de votre obéissance dans la profession de l'Evangile de Christ, et de la libéralité de vos dons envers eux et envers tous; ils prient pour vous, parce qu'ils vous aiment à cause de la grâce éminente que Dieu vous a faite. Grâces soient rendues à Dieu pour son don ineffable!

2 Corinthiens 9:1-15

Monnaie courante

Ne m'est-il pas permis de faire de mon bien ce que je veux? Ou vois-tu de <u>mauvais œil</u> que je suis bon?

Matthieu 20:15

Quand vous comprenez cet idiome hébreu enseigné par Jésus lui-même, alors vous saurez comment vivre une vie prospère par la grâce de Dieu en donnant avec joie comme un style de vie.

L'homme dont le regard est <u>bienveillant</u> sera béni, Parce qu'il donne de son pain au pauvre.

Proverbes 22:9

L'âme <u>bienfaisante</u> sera rassasiée, Et celui qui arrose sera lui-même arrosé.

Proverbes 11:25

Celui qui se hâte d'être riche a un mauvais œil, et il ne sait pas que la disette viendra sur lui.

Proverbes 28:22 [KJ]

L'expression "**mauvais œil**" (Ophthalmos poneros) est mal interprétée par beaucoup, cela signifie simplement avides et égoïstes.

En tant que croyants notre esprit est généreux. Mais le problème réside dans notre mentalité. Beaucoup de croyants ont l'image d'insuffisance et de la pauvreté à cause de leurs croyances. Ils ont une attitude de cupidité et de l'égoïsme. Mais cette image ne peut être renversée que par la vérité.

Permettez-moi de vous montrer quelque chose de puissant concernant une conversation du Seigneur à ses disciples:

Donne à quiconque te demande, et ne réclame pas ton bien à celui qui s'en empare. Ce que vous voulez que les hommes fassent pour vous, faites-le de même pour eux. Si vous aimez ceux qui vous aiment, quel gré vous en saura-t-on? Les pécheurs aussi aiment ceux qui les aiment. Si vous faites du bien à ceux qui vous font du bien, quel gré vous en saura-t-on? Les pécheurs aussi agissent de même. Et si vous prêtez à ceux de qui vous espérez recevoir, quel gré vous en saura-t-on? Les pécheurs aussi prêtent aux pécheurs, afin de recevoir la pareille. Mais aimez vos ennemis, faites du bien, et prêtez sans rien espérer. Et votre récompense sera grande, et vous serez fils du Très-Haut, car il est bon pour les ingrats et pour les méchants. Soyez donc miséricordieux, comme votre Père est miséricordieux.

Luc 6: 30 - 35

A ce moment précis, quand Jésus parlait à ses disciples, il y avait des certaines cérémonies appelées **"Liberalitas"** dans le monde gréco-romain. Les empereurs se considéraient comme des fournisseurs pour les besoins des citoyens Romains. Dans les marchés publics, des aqueducs, des réseaux routiers, des amphithéâtres, etc. les empereurs répondaient aux besoins de leurs gens.

Pendant ces cérémonies spéciales l'empereur jetait de l'argent aux gens. Mais ceux qui avaient reçu de l'argent étaient redevables à l'empereur et devaient retourner la faveur de l'empereur. **Donc les bienfaits des**

empereurs étaient conditionnels.

En outre, il y avait des croyants de l'époque qui faisaient des **"Caritas"** ou "Charité". Cela soulageait la détresse physique ou financière des autres **sans rien attendre en retour.**

Alors, Jésus enseignait à ses disciples de ne pas faire comme les empereurs mais de donner généreusement sans attendre rien en retour de la part des bénéficiaires.

Chapitre 10

> **L'intendance**

Il l'appela, et lui dit: Qu'est-ce que j'entends dire de toi? Rends compte de ton administration, car tu ne pourras plus administrer mes biens.

Luc 16:2

L'intendance est un aspect très important dans la vie. Et c'est souvent négligé ou minimisé dans la plupart de la vie des croyants.

Le mot grec pour l'intendance est «oikonomia», d'où nous tirons le mot économie. Ce mot signifie "la gestion d'un ménage, la gestion des finances et autres biens".

Le mot grec pour intendant est "oikonomeo" signifie gestionnaire, l'économie d'un ménage. Quelqu'un qui agit en tant qu'administrateur des affaires et possessions de l'autre qui est son maître à qui il est pleinement responsable.

En tant que croyants, nous sommes aussi des intendants du Seigneur. Bien que Dieu nous a donné toutes choses pour en jouir, aussi non pas pour être égoïstes mais pour être généreux envers les uns et les autres.

Nous sommes pleinement responsables devant Dieu notre Père en ce qui concerne la gestion de ses affaires au cours de notre pèlerinage sur la terre.

Monnaie courante

Recommande aux riches du présent siècle de ne pas être orgueilleux, et de ne pas mettre leur espérance dans des richesses incertaines, mais de la mettre en Dieu, qui nous donne avec abondance toutes choses pour que nous en jouissions. Recommande-leur de faire du bien, d'être riches en bonnes œuvres, d'avoir de la libéralité, de la générosité,........

1Timothée 6:17, 18

Du reste, ce qu'on demande des dispensateurs, c'est que chacun soit trouvé fidèle.

1Corinthiens 4:2

Fidèle est du grec **"pistos"**, qui signifie digne de confiance et fiable.

Les croyants sont des intendants qui ont besoin de manifester la fidélité par la grâce de Dieu dans la gestion de leur temps, leurs talents, leur argent et tous les biens que Dieu lui a confiés.

Dans la parabole des talents de Matthieu chapitre 25, les montants diffèrent, mais chaque intendant s'est vu confier quelque chose. Les récompenses ne sont pas fondées sur combien ils ont été donnés, mais sur ce qu'ils ont fait avec ce qu'ils ont reçu.

Peut-être que quelqu'un peut être tenté de croire que l'intendance est seulement une question d'argent, mais l'intendance est tout compris pour la gloire de Dieu.

Monnaie courante

Rappelez-vous que nous sommes dans la dispensation de la grâce. Dieu n'exige pas de grands efforts pour que nous soyons des intendants fidèles. C'est par la grâce. La fidélité de Christ est notre fidélité qui peut se manifester à travers nous.

La lumière que vous avez reçue à travers ces quelques lignes vous motivera dans votre journée de la foi pour la grâce d'une vie prospère. C'est la solution à votre situation financière.

Alors, laissez l'argent couler vers vous comme un courant d'eau car c'est possible en Christ!

Monnaie courante

A cause de sa grâce,

Jean-Claude Soupin

Ile Maurice.

Oui, je veux morebooks!

i want morebooks!

Buy your books fast and straightforward online - at one of world's fastest growing online book stores! Environmentally sound due to Print-on-Demand technologies.

Buy your books online at
www.get-morebooks.com

Achetez vos livres en ligne, vite et bien, sur l'une des librairies en ligne les plus performantes au monde!
En protégeant nos ressources et notre environnement grâce à l'impression à la demande.

La librairie en ligne pour acheter plus vite
www.morebooks.fr

VDM Verlagsservicegesellschaft mbH
Heinrich-Böcking-Str. 6-8   Telefon: +49 681 3720 174   info@vdm-vsg.de
D - 66121 Saarbrücken   Telefax: +49 681 3720 1749   www.vdm-vsg.de

www.ingramcontent.com/pod-product-compliance
Lightning Source LLC
Chambersburg PA
CBHW020811160426

43192CB00006B/529